¡EUREKA!
BIOGRAFÍAS DE CIENCIA

Perfil científico

Nombre: Charles Robert Darwin

Fecha de nacimiento: 12 de febrero de 1809

Fecha de defunción: 19 de abril de 1882

Educación: Universidad de Edimburgo, Christ's College de Cambridge

Sus éxitos más importantes:

• Viajar a bordo del Beagle.

• Visitar las islas Galápagos, donde estudia criaturas excepcionales.

• Desarrollar la teoría de la evolución por selección natural.

• Escribir libros científicos muy vendidos que cambiaron el mundo.

• Dejarse crecer una barba impresionante.

PAPEL ECOLÓGICO
TCF LIBRE DE CLORO

FOTOCOPIAR LIBROS
NO ES LEGAL

LIBRO AMIGO DE LOS BOSQUES
PAPEL PROCEDENTE DE FUENTES RESPONSABLES

Título original: *Charles Darwin and Evolution*
© The Salariya Book Company, Ltd., 2019
Publicado por acuerdo con IMC Agencia Literaria
Texto: Ian Graham
Ilustraciones: Annaliese Stoney
© Traducción: Josep Franco Martínez, 2020
© Algar Editorial
  Apartado de correos 225 - 46600 Alzira
  www.algareditorial.com
Impresión: Guada Impresores

1.ª edición: febrero, 2021
ISBN: 978-84-9142-435-2
DL: V-25-2021

¡EUREKA!
BIOGRAFÍAS DE CIENCIA

CHARLES
DARWIN
Y LA EVOLUCIÓN

ESCRITO POR
IAN GRAHAM

ILUSTRADO POR
ANNALIESE STONEY

algar

INTRODUCCIÓN
28 DE MAYO DE 1876

—Mi pie se hundió en la arena negra como si hubiera pisado la tierra de otro planeta. El calor era insoportable, como si el fuego del infierno quemara bajo mis botas. Tierra adentro, las rocas eran duras como el hierro y negras como la arena. Unos lagartos enormes, los más feos que he visto en mi vida, se apartaban al pasar yo. Aquella noche, cené carne de tortuga asada en una hoguera, a la luz de las estrellas. Imagínalo. La tortuga era tan grande que hubiera podido cargar a un hombre sobre su caparazón. Y los pájaros. Al principio, apenas me llamaron la atención aquellos pajaritos pequeños y de color pardo que volaban en bandadas. Yo aún no lo sabía, pero aquellos pajaritos iban a cambiar mi vida y a generar una revolución en el campo de la biología. Estuve a punto de no descubrirlo. No comprendí lo importantes que eran hasta que no abandoné aquel lugar desconocido y extraño. Solo cuando los recordé, más tarde, empecé a ver que tenían alguna característica extraña. Y aquel pensamiento lo cambió todo.

Charles Darwin calló un instante, inmerso en sus pensamientos. Su hijo Francis estaba sentado a su lado.

—¿Toda la playa estaba formada por aquella arena negra y caliente? —le preguntó.

—Sí —dijo Charles—. Como las demás islas, ya lo sabes. Son de lava, de rocas volcánicas negras.

Están en el ecuador, por eso el sol cae sin piedad sobre las rocas desnudas. Es un milagro que pueda haber vida.

–Sí que es verdad...

–Pero la hay –continuó Darwin–. Y el viaje hasta llegar a aquellas islas remotas también fue casi un milagro. Vi ballenas grandes como un vagón de tren que saltaban en el mar y me estremecí hasta la médula por un terremoto que arrasó una ciudad. Exploré lugares de nuestro mundo que muy poca gente ha visto o verá. Y para hacer todo eso y algo más, navegué alrededor del mundo, algo que solo unos pocos ingleses han hecho.

Se perdió un instante entre los recuerdos de su memoria y luego dijo:

–Cuando yo era joven, mi vida futura parecía muy clara. Me enviaron a la universidad para que me convirtiera en médico, como lo era mi padre, pero a mí me interesaba más el estudio del mundo natural. Nadie hubiera podido imaginar cómo iba a cambiar mi destino...

–Gracias a Dios –dijo su hijo–, no te convertiste en médico. Nunca hubieras podido explicarnos el misterio de la evolución.

–Ahora es difícil de creer –dijo Charles–, pero mi trabajo causó tanta rabia y tanto odio que, a veces, me daba miedo que mis amigos y mis colegas científicos me condenaran al aislamiento y no volvieran a hablar jamás conmigo.

–Es una aventura maravillosa –afirmó Francis–. La gente debería conocerla.

Charles dudó un instante y luego dijo:

–Me hubiera gustado mucho poder leer algo escrito por mi abuelo sobre sus ideas y sus hechos, y sobre su forma de trabajar... De manera que creo que tienes razón, Francis. Ha llegado el momento de escribir mi historia.

CAPÍTULO 1
1817

Toda mi vida he sido un gran coleccionista. Incluso cuando era un niño de ocho o nueve años, en la escuela de Shrewsbury, coleccionaba cualquier cosa: huevos, piedras, monedas... Sentía una gran pasión por el coleccionismo, que ninguno de mis hermanos o hermanas compartía.

En la escuela no iba bien. Me consideraban un mal alumno y por eso mi padre estaba siempre disgustado. Recuerdo que un día me dijo:

—Solo te interesa disparar, los perros y cazar ratas, y esto solamente te reportará desgracias, a ti mismo y a toda la familia.

Fueron unas palabras muy duras para un hombre que, normalmente, era el padre más amable y comprensivo que pudiera desear un hijo. Probablemente, solo intentaba impresionarme para ver si conseguía hacerme cambiar de actitud y mejorar.

LA FAMILIA DE DARWIN

Charles Darwin y su esposa Emma tuvieron diez hijos: seis chicos y cuatro chicas. Dos de sus hijos (Mary Eleanor y Charles Waring) murieron cuando eran bebés, y una tercera hija (Anne Elizabeth) murió a los diez años. La cantidad de hijos muertos, de diez que tuvieron, era normal en aquella época. Tres de los hijos de los Darwin (George, Francis y Horace) fueron importantes científicos e ingenieros.

Recuerdo que leí un libro titulado *Maravillas del mundo*. Aquella lectura me hacía pensar en viajes por países lejanos que me permitieran ver con mis propios ojos aquellas maravillas naturales.

Cuando tenía 16 años, iba tan mal en el colegio que mi padre se desesperó. Me obligó a abandonar la escuela y me dijo:

–Hijo mío, para salvarte de ti mismo, he decidido que vayas a la Universidad de Edimburgo para estudiar Medicina, como hice yo. Seguirás mi ejemplo y vendrás conmigo para aprender a ser un buen médico. Estoy seguro de que eso será bueno para ti.

El verano anterior a mi marcha a Edimburgo, visité a las familias más pobres y necesitadas de Shrewsbury y escribí informes de las enfermedades que las afectaban, para mi padre. El interés que puse en aquella misión le hizo creer que sería un buen médico.

Por desgracia, pronto quedó claro que no me interesaba más la medicina que mis estudios anteriores. La mayor parte del tiempo encontraba los estudios de medicina aburridos. Y cuando no eran aburridos, eran repugnantes. En lugar de estudiar, pasaba el tiempo con personas que entendían muchísimo de geología, zoología, botánica y algunas otras ciencias naturales. Estudiaba los animalillos que vivían en los agujeros de las rocas, a la orilla del mar, y también capturaba peces cuando salía a la mar en las barcas de los pescadores.

SHERLOCK HOLMES

Darwin estudió Medicina en la Facultad de Medicina de la Universidad de Edimburgo, aunque no terminó sus estudios. Uno de los profesores de la facultad, Joseph Bell, era famoso por su habilidad para descubrir síntomas de sus pacientes que pasaban por alto los otros médicos. Aquellas observaciones le permitían saber qué oficio ejercían los enfermos o dónde habían viajado hacía poco tiempo. Uno de los alumnos del profesor Bell se dedicó a escribir narraciones protagonizadas por un detective de ficción con las mismas habilidades. El estudiante era Arthur Conan Doyle y el nombre del detective era Sherlock Holmes.

De alguna manera, mi padre, el pobre de mi padre, oyó hablar de mi escaso interés por la medicina, de manera que decidió salvarme de la mala vida por segunda vez.

–Me parece –me dijo, muy disgustado– que no serás médico después de todo. Si no es así, tendrás que ser religioso. Estás destinado a la Iglesia, hijo mío.

Para convertirme en un párroco rural necesitaba estudiar un grado en alguna universidad inglesa. De manera que, después de haber pasado dos años en Edimburgo, empecé un nuevo curso en la Universidad de Cambridge.

No soy, ni lo he sido nunca, un hombre religioso. El motivo es que perdí el tiempo en Cambridge del mismo modo que lo había perdido en Edimburgo. Como siempre, me interesaba más la naturaleza. Estudiaba botánica y paseaba por los campos para observar rocas de muchas clases, plantas y animales. Fue en Cambridge donde empecé a capturar escarabajos.

En Cambridge, conocí también al hombre que tenía que cambiar el rumbo de mi vida de la forma más sorprendente. Era el profesor John Stevens Henslow, un hombre con profundos conocimientos de todas las ramas de la ciencia. Nos hicimos muy amigos y di largos paseos con él. Me conocían con el sobrenombre de «el hombre que pasea con Henslow». Creo que me vio muy bien predispuesto a aprender. Por fin encontré una persona que no me consideraba simplemente un vago.

En agosto de 1831, después de un viaje por el norte de Gales, volví a casa, donde me esperaba una carta de Henslow. Le habían propuesto que se uniera a un viaje por mar, en calidad de naturalista. Pero aquella expedición le pareció demasiado larga a su esposa, que lo convenció para que renunciara a ocupar la plaza que le habían propuesto. Él consideraba que hubiera sido horrible perder aquella oportunidad única; por eso aseguraba que era muy importante que otro naturalista ocupara aquella plaza en la expedición. El barco, el HMS Beagle, tenía que zarpar al cabo de un mes, de manera que disponía de poco tiempo. Para mi satisfacción, Henslow me sugirió que yo podría ocupar aquella plaza en el viaje. Había naturalistas más preparados, pero él argumentaba que mi experiencia en la recolección de especímenes en plena naturaleza me convertía en el candidato perfecto.

Pocos días después, escribí mi respuesta a Henslow, pero no era la que él esperaba. Cuando se lo comenté a mi padre, se mostró muy contrariado.

—Es un viaje inútil que te hará perder dos años más —me dijo—. Y, peor aún, sería la tercera vez que pretendes cambiar de profesión, porque ya has abandonado los estudios para ser médico y para ser religioso.

También consideraba que tendría que hacer el viaje en un camarote pequeño e incómodo de aquel barco y que si otros hombres ya habían renunciado a la plaza sería porque aquella expedición tenía algunos aspectos desagradables o peligrosos que yo desconocía. Estaba tan convencido de que tenía razón que me dijo:

–Si encuentras un hombre con sentido común que te diga que te conviene hacer este viaje, te lo permitiré.

De manera que escribí a Henslow para decirle que no podía ir.

Al día siguiente fui a visitar a mi tío Josiah Wedgwood, a su casa de Staffordshire. Cuando le conté lo que había pasado, me acompañó a casa y le dijo a mi padre que él consideraba que sí tenía que aceptar aquella plaza en la expedición. Creía que era una gran oportunidad para un hombre joven. Mi padre siempre había creído que el tío Josiah era un hombre muy sensato y con muy buen criterio, de manera que cambió de opinión y me concedió su permiso.

–Te prometo que te ayudaré tanto como sea posible –me dijo.

Aquellas palabras me sonaron a música celestial, porque mi plaza en el barco no era remunerada y, por lo tanto, mi padre tenía que pagar todos los gastos del viaje. Él estuvo de acuerdo, de manera que, enseguida, fui a Londres a ponerme en contacto con Robert FitzRoy, el capitán del Beagle.

- Charles Darwin es un mal estudiante en el colegio y no termina sus estudios universitarios, ni para ser médico ni para ser religioso.
- Mientras vive en la universidad, descubre su pasión por la naturaleza.
- Conoce al profesor John Stevens Henslow, que le propone ocupar su plaza como naturalista en una expedición científica a bordo del HMS Beagle. A Darwin le encanta la propuesta.

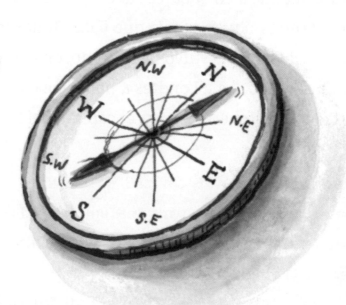

CAPÍTULO 2

1831

L legué al muelle de Devonport el lunes 24 de octubre de 1831. El resto del mes de octubre y el mes de noviembre pasaron volando, mientras nos preparábamos para zarpar. Los carpinteros y los pintores preparaban el Beagle, los oficiales organizaban los materiales y sus pertenencias, y la tripulación guardaba los víveres. Yo tenía que compartir mi camarote con el capitán FitzRoy, de manera que disponía de un espacio muy reducido para mis cosas y no tenía ninguna intimidad. Pero en el barco no se podía perder ni un palmo de espacio.

HMS BEAGLE

El Beagle era un barco de vela de dos mástiles, construido por la Armada Real y, por lo tanto, preparado para participar en batallas navales. Fue botado en 1820 y, luego, en 1825, fue reformado y convertido en un barco explorador, después de haberle añadido un tercer mástil y de haber retirado algunos de los cañones. Era uno de los primeros barcos equipados con pararrayos para evitar que los rayos lo dañaran. En 1845, después de haber realizado dos largos viajes de exploración, se utilizó como barco de vigilancia, siempre cerca de la costa, para vigilar a los contrabandistas. En 1870 fue desguazado.

Mi trabajo científico empezó antes de zarpar. Me encargaba de controlar la presión atmosférica cada mañana, gracias a los barómetros que llevábamos a bordo. Los cambios en la presión atmosférica están relacionados con los cambios del tiempo. Las presiones altas provocan buen tiempo y vientos ligeros. Las presiones bajas, en general, traen el mal tiempo, la lluvia y los vientos fuertes. Una bajada rápida de la presión atmosférica puede ser el primer indicio de que se aproxima una tormenta.

Durante aquellos días hice mi primer gran descubrimiento. Hay muchas maneras de acostarse en una hamaca, ¡pero solo hay una correcta! Después de haber probado de mil formas que fracasaron, descubrí cuál era el método correcto. Simplemente tienes que sentarte en el centro de la hamaca y girarte para poner la cabeza y los pies en la posición correcta.

El mal tiempo retrasó nuestra partida unos cuantos días. Finalmente, zarpamos el día 10 de diciembre. Daba gusto ver cómo trabajaban los hombres de la tripulación, todos a una, como la maquinaria de un reloj. Cada hombre ocupaba su lugar y cumplía en el acto las órdenes que gritaban los oficiales desde la cubierta del barco. Pero mi alegría duró muy poco. A media tarde, nos sorprendió un viento muy fuerte y una marejada que balanceaba el barco arriba y abajo de una forma muy peligrosa. Me mareé de muy mala manera.

A la mañana siguiente, la tempestad no se había calmado, de manera que volvimos a puerto. El mal tiempo nos obligó a esperar en el puerto diez días más. Pero cuando volvimos a intentar salir, el mal tiempo nos obligó a volver atrás. Finalmente, nuestro viaje épico empezó el día 27 de diciembre. Aunque el tiempo ya no era tan molesto, me volví a marear. Me vi obligado a pasar más de una semana acostado en la hamaca, antes de encontrarme mejor. Cuando pude salir a cubierta y vi el paisaje, me quedé maravillado por el brillo del color azul del mar. ¡Y las noches! ¡Dios mío, las noches! La oscuridad de las noches tropicales es tan pura que en el cielo negrísimo brillan las estrellas de una manera tan viva como yo no había visto nunca.

ROBERT FITZROY

El capitán del Beagle, Robert FitzRoy
(1805-1865) ingresó en la escuela militar
naval cuando tenía 12 años. Superó
diversos grados militares hasta que fue
nombrado comandante del Beagle a los
23 años. El viaje que compartió con Darwin
le hizo famoso, sobre todo cuando escribió
un libro que lo recordaba. Fue elegido
miembro del Parlamento británico en 1841
y, luego, fue gobernador de Nueva Zelanda.
Al regresar a Gran Bretaña, dirigió una
organización que recopilaba información
sobre el tiempo que hacía en el mar.
Con aquellos datos intentaba prever el
tiempo que haría. Fueron las primeras
previsiones meteorológicas.

Tengo que contarte algo sorprendente que descubrí, a propósito de la razón por la que me habían invitado a formar parte de la expedición. Antes de que FitzRoy se convirtiera en el comandante del Beagle, el capitán del barco era el señor Pringle Stokes. Él dirigió el Beagle durante su primer viaje largo para estudiar la costa de la Patagonia y la de Tierra de Fuego, en América del Sur. Las dificultades del viaje alteraron la salud del capitán Stokes. Cayó en una profunda depresión y se encerró en su camarote durante dos semanas. Finalmente, el pobre hombre se suicidó. Luego, le sustituyó el capitán FitzRoy. Decidido a evitar un destino parecido, porque el siguiente viaje del Beagle tenía que transcurrir por las mismas aguas, FitzRoy decidió llevar un compañero, el naturalista de la expedición. Cuando descubrí aquel detalle, le gastaba bromas a propósito de mi trabajo, que consistía en impedir que el capitán enloqueciera y en hacer que terminara bien aquel viaje. Aquella idea me persiguió durante mucho tiempo.

Navegamos con rumbo suroeste por el océano Atlántico y, durante el camino, hicimos escala en varias islas para tomar agua y abastecernos de comida. Yo capturaba especímenes del mar con una red atada al casco del barco, que iba sumergida en el agua. Aquella red me dio la respuesta a una pregunta que no me podía quitar de la cabeza. A veces, unas criaturas marinas enormes acompañaban al Beagle, por ejemplo, marsopas, ballenas o peces muy grandes. Un día, al ver unas marsopas que nadaban junto al barco, sobre las crestas blancas de las olas, le pregunté al médico del barco, el señor Robert McCormick, que estaba cerca:

–¿Qué comen las marsopas? ¿De qué se alimentan?

–Comen peces... –me respondió, como si mi pregunta fuera una tontería.

–Pero ¿qué comen los peces –insistí– en unas aguas tan claras, tan profundas y tan alejadas de la costa? Porque, si exceptuamos los peces grandes, parece que no haya vida en el océano...

El señor McCormick levantó los hombros y volvió a lo suyo. Pero mi red no tardó en darme una respuesta. Desde el primer día, pescaba una gran cantidad de animales, algunos tan pequeños que no los podía ver sin la ayuda del microscopio. Aquellos animalitos tenían que ser el alimento de los animales más grandes. Lo comenté con el marino que me ayudaba a sacar la red:

—En el interior del océano —le dije— hay una larga cadena alimentaria... Desde las criaturas más pequeñas a las más grandes, cada una se come a la siguiente.

Mi colección de especies crecía deprisa, sobre todo cuando llegábamos a una isla y bajábamos a tierra. Muy pronto, dispuse de tantos ejemplares diferentes que me daba miedo que, al regresar a Inglaterra, nadie tuviera tiempo ni ganas de estudiarlos todos. Mi primera exploración en una costa tropical fue en Santiago, en las islas de Cabo Verde. Fue una experiencia que no olvidaré nunca. Cuando volví al barco comenté con el capitán FitzRoy:

–Me he sentido como un hombre ciego que ha recuperado la vista, tan impresionado me he quedado al ver tantas plantas, insectos y animales nuevos.

NOMBRES QUE CAMBIAN

En el transcurso de los siglos, los nombres de algunas islas y países han cambiado, a menudo como consecuencia de una guerra o porque han sido invadidos por otros países. Durante su viaje, Darwin escribió en su diario que había visitado la isla de Sant Jago, en Cabo Verde, pero en nuestros días no encontraréis ninguna isla que se llame así. Ahora, el nombre de aquella isla es Santiago y forma parte de las islas de Cabo Verde.

Cuando atravesamos el ecuador, en el mes de febrero, los que lo cruzábamos por primera vez sabíamos que nos esperaba una sorpresa desagradable. Entre los marineros, es una vieja costumbre que los que lo cruzan por primera vez no lo olviden nunca. Yo mismo, y unos treinta marineros más, esperamos escondidos bajo la cubierta, mientras oíamos los ruidos de los preparativos por encima de nuestras cabezas. Yo fui el primero en subir a cubierta, con los ojos tapados con una venda. Oí muchos gritos a mi alrededor y, de repente, empezaron a lloverme cubos de agua desde todas partes. Me inmovilizaron entre unos cuantos y me llenaron la cara de jabón, que luego me quitaron, como si me afeitaran; a continuación, me tiraron en una bañera llena de agua. Toda aquella ceremonia la vigilaba Neptuno, dios del mar, que en realidad era un marinero disfrazado. Cuando todos los nuevos hubimos superado aquella antigua tradición, continuamos nuestro camino, empujados por los vientos alisios.

Avistamos las costas de Brasil a finales de febrero, dos meses después de haber zarpado de Inglaterra. Para un naturalista, la vegetación tropical era un espectáculo increíble. Bajé a tierra y caminé por la selva, reuniendo flores e insectos, extasiado por la extraordinaria belleza del paisaje.

Continuamos rumbo al sur, hasta Río de Janeiro y Montevideo. Tuve la oportunidad de explorar aquellas tierras, mientras la tripulación del Beagle se ocupaba de los trabajos necesarios para la navegación. El calor era difícil de soportar porque la temperatura, en algunas ocasiones, superaba los 35 °C. Una de las veces que regresé al barco, me comunicaron que tres de nuestros compañeros habían muerto de fiebres.

El señor Bynoe, el ayudante del médico, notó mi temor y me dijo:

–Las muertes son frecuentes en viajes como el nuestro, tanto por enfermedades como por accidentes... Debes prepararte para las malas noticias. Todos los hombres que se enrolan en barcos como el nuestro saben que es muy posible que no regresen nunca a sus hogares.

Una noche, la naturaleza nos obsequió con un espectáculo extraordinario. Mientras en el cielo, negro como el alquitrán, estallaban los relámpagos, las puntas de los mástiles y los extremos de las cuerdas brillaban como estrellas debido a un fenómeno conocido con el nombre de *fuego de san Telmo*. Al mismo tiempo, al mirar por la borda del barco, vi pingüinos que nadaban en la superficie y dejaban una estela brillante tras de sí.

Al sur de la Patagonia, probé alimentos que nunca hubiera imaginado mientras vivía en Inglaterra: avestruz y armadillo. Me sorprendió mucho que la carne de avestruz tuviera un sabor más parecido a la de la ternera que a la de cualquier otra ave, mientras que la de armadillo tenía un sabor parecido a la del pato.

Mi colección de especímenes continuaba creciendo. No solo guardaba muchos pájaros y serpientes, sino que también encontré muchos huesos fósiles, como el cráneo y un buen pedazo de la mandíbula de un megaterio, un perezoso que era tan grande como un elefante.

LUCES MISTERIOSAS

Cuando los barcos como el Beagle atraviesan tormentas eléctricas, los marineros ven a menudo unos resplandores azul oscuro o violeta en los extremos de los mástiles y de las cuerdas. Son luces causadas por la electricidad que genera la tormenta, que es la misma que produce los relámpagos. Las estelas luminosas que vio Darwin en el agua son diferentes. Las producen unas plantas pequeñas, las algas, cuando los pingüinos las mueven al nadar. La luz que producen los seres vivos se llama *bioluminiscencia*.

Poco antes de las Navidades del año 1832, navegamos cerca de la costa de la Tierra de Fuego por primera vez. Poco tiempo después avistamos el cabo de Hornos. Ya hacía días que habíamos dejado atrás las selvas tropicales llenas de vida. Un viento tan frío que cortaba cubría de nubes oscuras las costas escarpadas y áridas, siempre nevadas, del cabo. Las galernas azotaban el mar, que bramaba, cargado de espuma. El Beagle pasó todo el año siguiente bordeando arriba y abajo la costa de Brasil, para terminar de dibujar los mapas necesarios y corregirlos y, mientras, yo bajé a tierra firme para continuar mis exploraciones.

El Beagle era nuestro hogar, nuestro lugar de trabajo y nuestro refugio contra los elementos. Era vital mantener el barco en buenas condiciones porque, de lo contrario, hubiéramos estado perdidos. Una de las partes más importantes de la nave era el casco que se mantenía siempre bajo la superficie del agua. El capitán FitzRoy decidió que era necesario revisar aquella parte del barco antes de dirigirnos al océano Pacífico.

En la desembocadura del río Santa Cruz, el capitán descubrió una costa muy apta para su propósito. La tripulación dirigió el barco hacia una playa donde podríamos revisar la parte sumergida del casco durante la marea baja. Estaba en buenas condiciones, excepto un trozo de la falsa quilla, que había recibido algunos golpes. La repararon inmediatamente y el barco volvió a navegar cuando subió la marea.

CARTOGRAFIAR LOS OCÉANOS

Para navegar seguros por el mar, los marineros necesitaban saber la posición de las islas, de la costa y de las rocas peligrosas. Por eso dibujaban mapas. La Oficina Cartográfica Británica envió barcos por todo el mundo para trazar mapas. El HMS Beagle era uno de aquellos barcos.

39

El Santa Cruz es un río muy caudaloso que ya había sido explorado durante el último viaje del Beagle, dirigido por el capitán Stokes, pero la falta de alimentos y algunos otros contratiempos impidieron que la expedición continuara. La parte alta del río, por lo tanto, continuaba inexplorada, de manera que el capitán FitzRoy mandó bajar tres barcas balleneras del barco y remontó la corriente con veinticinco hombres. Milagrosamente, uno de los hombres de la tripulación encontró un gancho que los marineros habían perdido siete años atrás. En la ribera del río, encontramos huellas de caballos y restos de hogueras que habían dejado las personas que viven cerca de él. También vimos un rebaño de más de quinientos guanacos, unos animales parecidos a los camellos, de casi un metro de altura. La tripulación mató diez, para conservar su carne. Yo también disparé a un cóndor, un pájaro de una envergadura superior a los dos metros y medio cuando abre las alas.

Regresamos al cabo de Hornos en junio de 1834 y pasamos al océano Pacífico por el estrecho de Magallanes. El mes de julio llegamos a Valparaíso, en Chile, que se convirtió en mi hogar durante cinco meses, mientras el Beagle bordeaba la costa. Allí hice un descubrimiento notable. En las primeras estribaciones de los Andes encontré valvas, a pesar de que era un territorio apartado de la costa y a cuarenta metros sobre el nivel del mar. Aunque parezca increíble, deduje que aquel territorio había estado cubierto por el mar y, luego, había ascendido hasta su posición actual. Una fuerza inimaginable podía haber causado aquel desplazamiento. Pero ¿qué fuerza? ¿Cómo se produjo aquel ascenso? Encontré la respuesta a aquellas preguntas unos meses después.

Un día, mientras mi ayudante Syms Covington y yo paseábamos cerca de Valdivia, al sur de Chile, me senté en un tronco, cerca de la costa, para descansar. De repente, noté que el suelo se movía bajo mis pies. Syms también lo notó.

–Señor –me preguntó–, ¿me engañan mis sentidos o el suelo ha temblado?

Antes de que le contestara, supimos que no nos habíamos equivocado. El suelo se movía de verdad. El ruido y los temblores duraron unos dos minutos. Me pude incorporar, pero el movimiento del suelo me mareaba. Mirando a mi alrededor, grité:

—¡Es un terremoto, Syms! Mira cómo tiemblan los árboles...

Cuando pasó el temblor, caminamos hasta la ciudad de Valdivia. Las casas de madera estaban destruidas. Pregunté a un hombre lo que había pasado.

—Las casas han sido sacudidas con mucha violencia —me dijo— y han sufrido muchos desperfectos.

El hombre me enseñó cómo el terremoto había arrancado muchos de los clavos que mantenían unidas las paredes de la casa. El miedo y el horror se dibujaban en las caras de la gente.

Cuando regresamos al Beagle, comenté el suceso con el capitán FitzRoy.

—El mundo ha temblado y se ha hundido bajo nuestros pies —le dije— como si fuera una corteza que flota en un líquido...

Navegamos unos trescientos veinte kilómetros hacia el norte, hasta la bahía de la Concepción, donde encontramos un paisaje desolador. Las playas estaban llenas de maderas y de muebles, como si fueran los restos de miles de barcos. La gente de la zona nos dijo que el terremoto había destruido unas setenta poblaciones y que, luego, habían visto llegar una ola colosal. Unas losas enormes habían golpeado la costa, arrastrando todo lo que encontraban a su paso y en el suelo se había abierto un abismo de más de un metro de ancho. La gran ciudad que era Concepción ofrecía el aspecto de una vieja ruina. En casi todas las calles, las casas se habían convertido en montones de escombros. Los terremotos son tan frecuentes por aquellas tierras que la gente huye en cuanto nota el primer temblor. Creo que se trata de una costumbre que debe haber salvado muchas vidas.

El señor Rous, el cónsul inglés de Concepción, me dijo:

—Hui en cuanto noté el primer temblor, pero cuando aún no había llegado a la mitad del jardín,

que es pequeño, cayó media casa, provocando
un ruido espantoso. Los movimientos del suelo
eran tan violentos que no podía mantenerme de
pie y tuve que huir arrastrándome, de rodillas,
arañando el suelo con las manos. Enseguida
cayó la otra mitad de la casa. Las enormes vigas
de madera cayeron muy cerca de mi cabeza y
rebotaron por encima de mi cuerpo. La nube de
polvo que levantaron era tan espesa que el cielo
se oscureció...

Mientras, la gente que estaba cerca de la costa
vio acercarse una ola inmensa. Todos intentaron
llegar a las tierras altas para protegerse.
Cuando la ola llegó a tierra, rebasó más de
siete metros la línea que marcaba la marea alta.
Arrastró más de tres metros un vagón lleno de
armas que pesaba cuatro toneladas. Con todo,
la imagen más curiosa era un barco ligero
que había sido arrastrado más de doscientos
metros hacia el interior y ahora estaba varado
en el centro de la ciudad. La ola ocupó más de
trescientos kilómetros de costa.

TSUNAMI

La gran ola que arrasó la costa de Chile después del terremoto que narró Charles Darwin se llama *tsunami*. Se origina cuando hay un terremoto en el fondo marino. El suelo del océano se levanta y mueve el agua que hay encima. La masa de agua fluye en todas las direcciones y, cuando llega a las aguas poco profundas que hay cerca de la costa, se convierte en una ola gigante. Un tsunami es mucho más potente y más peligroso que cualquier otra ola cuando llega a la costa.

Aquel terremoto fue uno de los peores que recuerdan los habitantes de Chile. Levantó casi un metro la tierra alrededor de la bahía de la

Concepción. En las playas de Santa Mónica, una isla próxima, el capitán FitzRoy vio una alfombra maloliente de mejillones podridos de más de tres metros de anchura. Los hombres del pueblo le dijeron que, antes del terremoto, solían recoger aquellos mejillones. Así descubrí la fuerza que podía levantar islas enteras y dejar al descubierto tierras que antes estaban en el fondo del mar y valvas en las tierras altas.

Mientras yo trabajaba en Chile, pasó algo en el Beagle que estuvo a punto de cambiarlo todo. Habríamos tenido que abandonar la expedición poco antes de llegar a nuestro destino siguiente, que eran las islas Galápagos. Si así lo hubiera querido el destino, yo nunca habría puesto mis pies en aquellas islas mágicas. La teoría de la evolución por selección natural habría sido elaborada por otras personas, pero no por Charles Darwin. Y mi vida habría cambiado del todo.

Cuando regresé al barco, John Wickham, el primer oficial, me contó las tristes novedades.

–El capitán FitzRoy estaba preocupado
–me dijo– por si no podía acabar su trabajo.
Consideraba que el Beagle necesitaba una
reparación a fondo y que la tripulación necesitaba
descansar. También sufría por si cargábamos
demasiado el barco con las provisiones. Se
suponía que debíamos cargar provisiones para
ocho meses, pero ya lo habíamos cargado dos
veces con provisiones para diez meses y eso
era peligroso. Creyó que una segunda nave
nos podría acompañar para dividir la carga y
ayudarnos en caso de necesitar más reparaciones.
De manera que decidió comprar una goleta
americana que se llamaba Unicorn y la adaptó
para convertirla en una nave auxiliar. La bautizó
con el nombre de Adventure. A todos nos pareció
una solución muy práctica.

Me contó que el capitán FitzRoy había
comentado con los oficiales:

–Es un barco magnífico, de ciento setenta
toneladas, que navegará muy bien. Si el almirante
está de acuerdo y quiere pagar las provisiones

y la tripulación, será una magnífica noticia para la historia del Beagle. Incluso podríamos hacer el viaje más corto. En cualquier caso, siempre es más agradable navegar con compañía que solos. El Adventure rompería el aburrimiento de ver siempre el océano vacío...

—El capitán tenía la esperanza —continuó el señor Wickham— de que el almirante, desde Londres, se mostrara de acuerdo con su decisión y le pagara el dinero que había invertido en la compra y la adaptación del Adventure.

—Espero que el Parlamento apruebe mi decisión —les había dicho FitzRoy—, pero si me he equivocado, al Gobierno no le costará ni un céntimo, puesto que yo soy el responsable de la compra del barco y lo puedo pagar.

—Por desgracia —lamentó el señor Wickham—, el almirante no aprobó la propuesta del capitán. No solamente se negó a pagar aquel dinero, sino que también reprendió al capitán por su acción y le ordenó que volviera a vender el Adventure. El capitán, como le habían ordenado, vendió el barco y pagó a los hombres de la tripulación, pero se quedó tan decepcionado que decidió renunciar a continuar siendo el comandante del Beagle. Todos estábamos muy preocupados por su salud mental, pero, por suerte, le persuadimos para que cambiara de opinión y continuáramos nuestro viaje.

Yo había comentado, bromeando, que mi misión era ayudar al capitán a mantenerse cuerdo y equilibrado, pero ahora estaba muy preocupado porque aquel desastre había estado a punto de producirse justamente mientras yo pasaba unos meses lejos del barco. Tal vez no se tratara de una broma después de todo.

- Darwin embarca en el Beagle en 1891. El capitán del barco es Robert FitzRoy.
- Captura varios ejemplares de animales en el océano y en las islas que visitan durante el viaje del Beagle.
- En las montañas de los Andes, Darwin descubre que una fuerza lenta pero muy poderosa ha modificado la superficie de la Tierra durante millones de años.
- Darwin y la tripulación del Beagle son testigos de un terremoto terrible en la bahía de Concepción, en Chile.
- FitzRoy está a punto de dimitir como capitán del Beagle como consecuencia de unas diferencias con el almirante, pero la tripulación le persuade para que continúe.

CAPÍTULO 3

1835

E l día 7 de septiembre de 1835, el Beagle zarpó de las costas de Sudamérica y navegamos rumbo al oeste por mar abierta. Ocho días y casi mil kilómetros después, llegamos a tierra en la isla Chatman, la más oriental de las islas Galápagos. Teníamos que pasar un mes en aquellas islas, mientras la tripulación del Beagle cartografiaba la costa y las aguas de los alrededores. Aunque se trataba de unas islas de dimensiones minúsculas, posteriormente comprendimos que tenían una importancia enorme.

Aquellos mundos pequeños y extraños están en el ecuador. Son montañas de roca volcánica, las cumbres de los volcanes que han ido creciendo con cada erupción, hasta que han emergido del océano. La mayoría están cubiertas de bosques de árboles sin hojas y de arbustos pequeños. Varios miembros de la tripulación del Beagle bajamos a explorarlas. Un sol implacable convertía las rocas en estufas. Hundí un termómetro en la arena volcánica negra y comprobé que la temperatura llegaba a los 58 °C.

Es un milagro que pueda vivir allí algún ser, pero las islas estaban llenas de cangrejos y de unos lagartos muy feos llamados *iguanas*. Había muchas bandadas de pájaros pequeños. Las tortugas gigantes también abundaban. Aquellas tortugas eran tan grandes y pesaban tanto que yo no podía levantar ninguna. La tripulación del Beagle cazó dieciocho y las llevaron al barco para tener una reserva de carne fresca. Aquella tierra yerma, dura como el hierro, y los extraños animales que la poblaban parecían un paisaje de otro planeta.

LAS ISLAS GALÁPAGOS

Las islas Galápagos son un grupo de
21 islas volcánicas y más de cien islotes
y rocas situado a unos mil kilómetros al
oeste de Ecuador. Se formaron hace unos
cinco millones de años desde un punto
caliente donde la corteza de la Tierra se
calentaba y se fundía, generando volcanes.
La lava producida por la erupción de los
volcanes se fue enfriando y aumentó de
dimensiones hasta que emergió en el océano
para formar las islas. Los nombres de las
islas han ido cambiando desde que las vio
Darwin. Ahora, la isla que Darwin llama
Chatman se llama isla de San Cristóbal y
la que fue Albemarle es ahora Isabela.

Capturé muchos reptiles y aves. Tanto aquellos animales como las plantas de las islas debían haber llegado desde otras partes del mundo cuando las islas ya estaban formadas. Algunos de los pájaros se parecían a especies que yo ya había visto en Sudamérica.

En la isla Albemarle vi lagartos de más de un metro de longitud que se parecían a las iguanas de las playas, pero aquellos reptiles del interior eran de color naranja y rojo y vivían en madrigueras excavadas en la tierra. Las iguanas de la costa se alimentaban de algas, mientras que sus primas del interior comían bayas y hojas. Atrapamos unas cuarenta fácilmente, sobre todo para comérnoslas.

Una cosa extraña de las islas es que no había enjambres de insectos, como pasaba en cualquier lugar de los trópicos. Por eso, la mayoría de las aves comían semillas. Los picos de aquellos pájaros tenían las medidas perfectas y la fuerza suficiente para romper las semillas más duras, en lugar de comer insectos, que son más blandos. Entre las aves había sinsontes, palomas y pinzones. Los primeros se parecían a los cenzontles que había visto en Chile. Atrapé ejemplares de las tres islas. Las especies diferentes se parecían tanto en las dimensiones como en los colores. Solían reunirse todos y se comportaban de forma muy parecida. Incluso era difícil diferenciar los machos de las hembras. Eran unas criaturitas muy fáciles de confundir. Y yo aún empeoré las cosas porque no los anillé para determinar en qué isla los había capturado. Luego me arrepentí mucho de no haberlo hecho.

En la isla de Charles nos encontramos con un grupo de unos doscientos prisioneros que habían traído desde Ecuador. Llevaban una vida muy parecida a la de Robinson Crusoe. El gobernador en funciones, el señor Lawson, era inglés. Nos dijo que la principal fuente de alimento de la isla eran las tortugas.

–El número de tortugas –nos dijo– se ha reducido mucho en los últimos años. Una vez, la tripulación de un barco que nos visitó se llevó, al menos, doscientas, pero ahora no podemos atrapar tantas. Creo que solo nos quedan tortugas para los próximos veinte años.

ROBINSON CRUSOE

Robinson Crusoe es una novela de Daniel Defoe publicada en 1719. Cuenta la historia de un hombre, Robinson Crusoe, que abandona su hogar para viajar por el mundo. Durante una travesía, su barco naufraga cerca de una isla desierta. Es capaz de sobrevivir durante veintisiete años en aquella isla, hasta que le rescata otro barco.

Los prisioneros nos dijeron que en cada isla viven unos ejemplares diferentes de tortugas, que se diferencian por la forma de sus caparazones. Pero el señor Lawson iba más lejos.

–Yo podría adivinar fácilmente –nos dijo– de qué isla proviene cada tortuga...

Yo lo dudaba, porque las tortugas que había visto en dos islas se parecían tanto que no hubiera sabido diferenciarlas. Luego descubrí que me había equivocado. No capturé ninguna tortuga, a pesar de que había muchos caparazones vacíos esparcidos por toda la zona y que me hubiera podido llevar algunos al barco sin demasiado esfuerzo. Pensé que aquellos animales habían llegado a las islas porque los había llevado alguien, por ejemplo, las tripulaciones de los barcos que las visitaban en busca de comida.

Pasamos un mes explorando las islas del archipiélago y, a continuación, el Beagle se dirigió a la Polinesia. Compartí la carne de tortuga con los hombres de la tripulación y, más tarde, vi cómo tiraban los caparazones al mar. No se me ocurrió guardar ninguno para mi colección. Consideraba que los animales y las plantas de aquellas islas que habían emergido del océano hacía muy poco tiempo no tenían ningún interés. ¡Estaba muy equivocado!

Con más de 3000 millas por delante, antes de que volviéramos a tocar tierra, tuve mucho tiempo para reflexionar a propósito de los ejemplares que había recogido en las islas Galápagos. Cuando pude observarlos con más atención, empecé a descubrir diferencias entre los pájaros y a intuir que, probablemente, las historias que había oído contar sobre las diferencias entre las tortugas y las aves de cada isla eran verdaderas después de todo. Y empecé a comprender lo que significaba todo aquello.

El Beagle continuó su épico viaje alrededor del mundo, pasando por Haití, Nueva Zelanda y Australia. Paramos en las islas Keeling, que están a medio camino entre Australia y Ceilán, para investigar los atolones de coral. Había dos teorías diferentes a propósito de cómo se formaban. Podían formarse en el fondo del océano y emerger a la superficie a medida que iban creciendo, o se podían formar directamente en la superficie. ¿Cuál era la teoría correcta? Si los corales se formaban en el fondo del océano, tendríamos que encontrarlos a una cierta profundidad; pero no encontramos corales vivos a más de 36 metros de profundidad, de manera que consideramos que se formaban cerca de la superficie.

Luego navegamos hacia las islas Mauricio, el cabo de Buena Esperanza y el extremo sur de África, Santa Helena y Asunción. Cuando zarpamos de Asunción, ansiosos por volver a Inglaterra, todos estábamos convencidos de que habíamos iniciado la última parte de nuestro viaje de regreso a casa. Sin embargo, para nuestra sorpresa y nuestro disgusto, volvimos a cruzar el océano Atlántico, rumbo a Brasil. El motivo era que el capitán FitzRoy quería comprobar que los mapas que habíamos cartografiado eran correctos. A continuación, finalmente, pusimos rumbo a casa.

ATOLONES DE CORAL

Un atolón de coral es una formación
coralina en forma de anillo con un
lago de agua salada en el centro. Para
formarse, es necesaria la acción de un
volcán. Un volcán sumergido entra en
erupción una y otra vez, hasta que la
parte más alta emerge del agua y forma
una isla. El coral crece alrededor del
volcán, en las aguas poco profundas.
En el transcurso de millones de años,
el volcán va hundiéndose en el mar y,
mientras tanto, el coral crece buscando
la luz del sol. Las olas aportan arena,
rocas y coral roto a la formación
hasta que, finalmente, se genera el
atolón de coral en forma de anillo.

- Darwin y la tripulación del Beagle visitan las islas Galápagos y capturan nuevas especies de aves y reptiles.
- Darwin observa que hay diferencias entre las tortugas y las aves que ha encontrado en cada isla. Empieza a sospechar cuál puede ser la causa de tales diferencias.

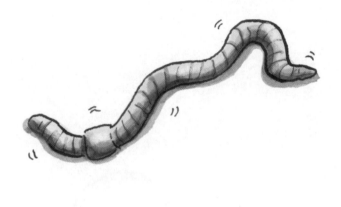

CAPÍTULO 4

1836

El Beagle atracó en el muelle de Falmouth, en el sur de Inglaterra, el día 2 de octubre de 1836. Nuestra «expedición de dos años» nos había tenido lejos de casa durante cinco años. Desde Falmouth a casa, en Shrewsbury, el viaje duró dos días, a pesar de que la diligencia iba al galope. Los bosques y los campos me parecían más bonitos de como los recordaba. Mis compañeros de viaje me miraron de una manera un poco extraña cuando, mientras contemplaba los campos por los que pasábamos, afirmé:

—No hay en el mundo paisaje más hermoso que los campos cultivados de Inglaterra.

Llegué a casa muy tarde, cuando todos estaban ya durmiendo. Fui a mi dormitorio y, exhausto, me quedé profundamente dormido enseguida. Mi padre y mis hermanas se sorprendieron mucho al verme entrar en el comedor a la hora del desayuno. Mi hermana Susan me miró de arriba abajo y declaró:

—Estás muy delgado, hermano. Tendremos que alimentarte muy bien.

Mi primera intención era reunir mi colección de especímenes del Beagle y llevarla a varios especialistas para que la estudiaran. Le llevé algunas plantas al señor Henslow, el hombre a quien tenía que agradecer que me ofreciera aquella plaza para formar parte de la expedición. Y llevé los mamíferos a la Sociedad de Zoología.

Después, empecé a preocuparme por el lugar donde iba a vivir. Al principio, me quedé en

Cambridge, pero enseguida comprendí que debía vivir en la ciudad donde estaban los expertos y me trasladé a Londres. Las diferencias con Cambridge eran evidentes. Londres era una ciudad muy activa, con dos millones de habitantes, iluminada incluso de noche, con farolas de gas.

Mientras descubría Londres, descubrí también que me había hecho famoso. Mis viajes y mis trabajos eran muy conocidos. A lo largo del día, trabajaba escribiendo informes científicos, artículos y notas y, por la tarde, asistía a cenas en las que establecí numerosos contactos útiles. La Sociedad de Geología aplaudió mi conferencia sobre las costas de Sudamérica, durante la cual mis relatos sobre los terremotos causaron admiración. Estaba tan satisfecho con aquella respuesta que me sentía orgulloso como un pavo real.

Mientras tanto, cada vez estaba más convencido de que unas especies podían convertirse en otras, un proceso llamado *transmutación*. Yo no era el único naturalista que lo había imaginado pero, hasta aquel momento, nadie sabía cómo ni por qué ocurría aquello. ¿Qué impulso podía hacer que una especie se convirtiera en otra? Aquel tenía que ser el objetivo de mi trabajo. Sin embargo, cualquier mención en público de la transmutación generaba una furiosa oposición por parte de quienes consideraban que todas las especies habían sido creadas por Dios y que nunca cambiaban, de manera que me tuve que reservar para mí mismo aquellas ideas.

Estaba muy preocupado porque no era capaz de encontrar una utilidad científica a los pájaros que había atrapado en las islas Galápagos. Se los mostré al señor John Gould, un experto en aves de la Sociedad Zoológica.

—Estoy muy lejos de saber qué utilidad pueden tener estos pajaritos que le traigo —le dije—. Tengo la impresión de que son diversas clases de mirlos, pinzones, frailecillos y piquituertos... No creo que resulten importantes para la ciencia, pero puede hacer con ellos lo que crea conveniente. Si hay alguien que puede desentrañar su misterio, es usted.

LA EVOLUCIÓN ANTES DE DARWIN

La primera persona que propuso una teoría científica de la evolución fue un naturalista francés llamado Jean-Baptiste Lamarck (1744-1829). Consideraba que las formas de vida aparecían continuamente, que no habían sido creadas, sino que iban evolucionando desde criaturas más sencillas a otras más complejas. Propuso que los seres vivos cambiaban de costumbres para adaptarse al entorno, que aquellos cambios físicos se podían producir en un período de vida corto y que pasaban a las generaciones siguientes.

Pocos días después, regresé a la Sociedad Zoológica para saber qué había descubierto el

señor Gould. Me sorprendí mucho cuando
me dijo:

–Creo que todos son pinzones, pero son tan
diferentes entre ellos que me parece que forman
un grupo de doce especies diferentes.

Comprendí inmediatamente la gran importancia
que tenían aquellos pajaritos para mi trabajo y volví
a lamentar el hecho de no haberlos anillado para
saber de qué isla procedían. Por fortuna, algunos otros
tripulantes del Beagle también habían capturado
pájaros en varias islas, entre ellos el capitán FitzRoy,
y sí los habían anillado correctamente. Cuando los
examiné, descubrí que cada especie correspondía
a una isla. Ocurría lo mismo con los pinzones: cada
especie era de una isla diferente. Aquello me hizo
pensar que, después de haber llegado a las islas desde
el continente, habían cambiado tanto que se habían
transformado en especies nuevas y lo habían hecho
de una manera diferente en cada isla. Las tortugas de
las islas Galápagos también habían cambiado de una
manera semejante. Pero ¿qué las había hecho cambiar?
¿Aquellos cambios se habían producido gradualmente,

en el transcurso de muchas generaciones, o se
habían producido enseguida, en poco tiempo?

EL PRIMER ZOO

La Sociedad Zoológica de Londres fue fundada
en 1826 para el estudio de los animales.
Dos años después, se abrieron los jardines
zoológicos de la institución para sus
miembros. Los jardines albergaban una
colección de animales de todo el mundo.
En 1847, los jardines fueron abiertos al
público, que enseguida los bautizó con el
nombre de zoo. El zoo de Londres se convirtió
así en el primer jardín zoológico del mundo.

Intenté discutir el asunto con Richard Owen,
un naturalista excepcional, sin comentarle mis
opiniones. Owen me dejó sus ideas muy claras
enseguida.

–No hay ninguna criatura en el mundo que pueda
ir más allá de los límites de su especie –declaró–.
¿Cómo sería posible? Y cualquier propuesta que

insinúe que el hombre ha evolucionado a partir de los simios es una aberración.

Me había dejado bien claras sus opiniones: todos los seres vivos, incluidos los simios y los seres humanos, eran exactamente como los había creado Dios.

Aquella opinión me hizo pensar en los huesos fósiles que había recogido. Eran huesos de animales que habían existido en tiempos remotos, pero que ya no existían. Me interesaba mucho saber si las llamas y los perezosos gigantes del pasado podían haber cambiado, o evolucionado, para convertirse en las llamas y los perezosos, muchos más pequeños, de nuestros días. Sin embargo, algunos fósiles pertenecían a criaturas que no tienen parientes vivos hoy en día. Se habían extinguido por completo. Pero ¿cómo podía pasar eso si las especies no evolucionaban? Si el clima había cambiado, por ejemplo, ¿por qué los animales no podían haber cambiado para adaptarse a las nuevas condiciones? Tal vez, consideré, las especies tienen una cierta esperanza de vida, como la tenemos los individuos, y puede ser que desaparezcan al superarla...

FÓSILES

Los fósiles son restos de plantas y de animales que vivieron hace mucho tiempo, tal vez millones o miles de millones de años. La mayoría de los seres vivos que morían eran devorados inmediatamente, pero algunos quedaban sepultados por la tierra o el barro antes de desaparecer. Las partes blandas y húmedas desaparecieron, pero quedaron los huesos. El agua los fue empapando, y los minerales disueltos en ella sustituyeron a los elementos orgánicos que los formaban, generando así un fósil.

Había otro problema. Los pinzones de las Galápagos sugerían que los seres vivos han de vivir separados unos de otros, en islas diferentes, para evolucionar en especies distintas. Pero los seres vivos del continente también han evolucionado de este modo, aunque han vivido juntos, unos junto a otros. Todo era un gran misterio. Yo hubiera querido dedicar todo mi tiempo a resolverlo, pero no podía. Necesitaba trabajar deprisa en la reescritura del diario del viaje en el Beagle para poder publicarlo y, mientras, también trabajaba en un libro de más de un volumen que debía titularse *Zoología del viaje del HMS Beagle*. Publicar aquel libro costaba tanto dinero que Henslow me ayudó a conseguir una ayuda económica del gobierno para poder hacerlo.

Por aquel tiempo, empecé a sentirme mal de salud, probablemente por el ritmo acelerado de mis trabajos. El mes de septiembre de 1837, fui al médico y le dije:

–Últimamente, cualquier preocupación me deja agotado, me pone muy nervioso y me hace palpitar el corazón de una forma muy violenta.

Cuando terminó de examinarme, me dijo:

–Le pido que, de manera urgente, abandone su trabajo inmediatamente y se vaya a descansar al campo.

Le hice caso y me marché a Maer Hall, la casa de campo que tenía mi tío Josiah Wedgwood en Staffordshire. Pero la verdad es que tenía pocas

oportunidades de descansar porque mi prima Emma
me mareaba con sus continuas preguntas sobre mis
viajes. Y no eran solo aquellas preguntas... Un día,
mientras mi tío y yo paseábamos por el campo, me
señaló un trozo de tierra y me dijo:

–Esparcimos cenizas en aquella tierra hace
un año, pero ahora no se ven... Yo creo que las
lombrices las han enterrado.

Me dijo que se trataba de un asunto sin
importancia, pero a mí me interesó tanto que
pasé muchos años investigando las costumbres de
aquellos humildes animalillos. ¡Como si no tuviera
nada mejor que hacer!

Al volver a Londres, consulté a muchos criadores
de perros, gatos, palomas y a algunos ganaderos.
Me daba la impresión de que aquellas personas
realizaban, deliberadamente, el mismo trabajo
que hacía la naturaleza por casualidad. Criaban
animales para dotarlos de determinadas cualidades
y características. Intercambiaban especies para
hacerlas mejorar. El método consistía en escoger
animales para aparearlos y obtener crías. Ellos lo

llamaban *reproducción selectiva*. Por ejemplo, si buscaban un perro con una característica particular, como las orejas largas, cruzaban dos perros con las orejas largas con la intención de que los cachorros también las tuvieran iguales. Pero ¿cuál era el proceso que seguía la naturaleza, en la que todos los animales tienen la posibilidad de reproducirse? Era un problema desconcertante.

Yo estaba cada día más convencido de que los seres humanos estamos sujetos a seguir el mismo proceso que los demás animales. Si aquella idea era cierta, los humanos debíamos haber evolucionado a partir de unas criaturas más primitivas. Y, de hecho, compartimos muchas cualidades que poseían los primates primitivos, ahora extintos. Lo había visto con mis propios ojos en los jardines de la Sociedad Zoológica de Londres. Allí vi una orangutana que se llamaba Jenny y comenté con mi hermana Susan:

—El encargado le ha mostrado una manzana a Jenny, pero no se la ha dado. El animal le ha dado la espalda, protestando y llorando como un niño enfadado. Cuando se ha cansado de protestar, el vigilante le ha dado la manzana. Ella la ha agarrado y se ha marchado a sentarse en su silla para comérsela, con una expresión de gran satisfacción en la cara...

Aquel comportamiento de Jenny, tan parecido al de un ser humano, me convenció de que mis ideas sobre la evolución humana eran correctas.

Después leí un libro que me ayudó a aclarar algunos conceptos. El libro era *Ensayo sobre el principio de la población*, de Thomas Malthus. Malthus decía que, si el número de personas en la Tierra continuaba creciendo, con el paso del tiempo no contaríamos con los alimentos necesarios para todos y, entonces, la población dejaría de crecer. Él calculaba que el número de personas que habitamos la Tierra podía duplicarse cada 25 años, pero no estoy de acuerdo. El crecimiento de la población es mucho más lento. Lo frenan las enfermedades, las guerras, el hambre y otras desgracias. Entonces comprendí que los mismos contratiempos afectan a la naturaleza en todo el mundo. Los animales compiten unos con otros por el alimento y por la reproducción. Son víctimas de las enfermedades, las sequías, las inundaciones, los incendios y los depredadores. Y todas estas batallas diarias son la causa de la evolución.

LA ORANGUTANA JENNY

La orangutana Jenny fue el primer ejemplar de orangután que llegó al zoo de Londres. La compraron a un propietario particular en 1837 y ocupó el espacio climatizado en el que vivían las jirafas. Murió al cabo de dos años y fue sustituida por otro ejemplar al que también pusieron el nombre de Jenny. En 1842, la reina Victoria vio aquel segundo ejemplar y declaró que aquel comportamiento tan parecido al de los humanos le parecía desagradable.

Los animales, como individuos, no son idénticos los unos a los otros. Hay variaciones entre una criatura y otra. Normalmente, estas variaciones poco importantes aparecen o desaparecen de una generación a otra y no parecen tener ningún propósito concreto. Pero si un grupo de animales afronta ciertas dificultades, como, por ejemplo, una enfermedad o ciertos cambios climáticos, estas variaciones apenas perceptibles pueden dar ciertas ventajas a unos animales sobre los demás. Los animales que, por casualidad, son más rápidos, más grandes, más fuertes o más resistentes a las enfermedades, tienen más oportunidades de sobrevivir y de pasar sus características a la generación siguiente. Los que no poseen aquellas características que los mejoran tienen menos oportunidades de sobrevivir y de producir descendientes sanos. Por ejemplo, el antílope más rápido escapa fácilmente de los depredadores y puede vivir el tiempo necesario para pasar su velocidad a sus hijos. Los antílopes más lentos tienen más probabilidades de que los devoren antes de poder reproducirse. De manera que, con el paso del tiempo, los antílopes se convierten en animales más rápidos. Las especies que no tienen la capacidad suficiente para adaptarse al medio cambiante en el que viven pueden desaparecer del todo. Así es, probablemente, como trabaja la selección natural y como puede cambiar, gradualmente, una especie hasta convertirse en otra. Aquel fue mi «momento de inspiración». Finalmente, había formulado mi teoría de la evolución por selección natural.

Hacia finales del año 1838 otra, digamos, «dificultad» empezó a preocuparme.

–Ya tengo veintinueve años –comenté con un amigo–, tengo problemas de corazón y estoy solo. Nosotros, los solteros, somos solo medio hombres que nos arrastramos por el suelo como orugas solitarias. Mi vida me parece vacía porque solo la puedo llenar con los capítulos y las páginas de mis libros y mis artículos científicos. Necesito una esposa, esa especie animal tan interesante, pero quién sabe dónde podría capturar una...

–Hombre, Charles –me respondió mi amigo–, tendrías que hacer algo al respecto. Siempre has sido un hombre inteligente, de manera que estoy seguro de que encontrarás alguna solución.

El matrimonio es un asunto muy serio y necesita mucha reflexión previa. Apliqué a la cuestión mi mentalidad científica. Dibujé una raya en el centro de una hoja de papel y, en la parte de arriba, escribí «Matrimonio» en un lado y «No matrimonio» en el otro.

A continuación, escribí las ventajas y los inconvenientes de cada posibilidad. Si no me casaba, podría viajar a donde quisiera cuando quisiera y trabajar todas las horas que considerara necesarias. Pero me encontraría solo, sin compañía ni nadie que me cuidara al llegar a la vejez. Si me casaba, compartiría con alguien una buena relación que me duraría toda la vida y, tal vez, tendría hijos. Pero perdería toda la libertad y tendría que trabajar para ganar dinero. ¿Tal vez me podría dedicar a ser profesor en Cambridge, de Geología o de Biología? Cuando lo hube sopesado todo, llegué a la conclusión de que casarse no era una mala solución. Muchos otros hombres habían sobrevivido al matrimonio. ¿Por qué no podía hacerlo yo? Me decidí por el matrimonio.

La segunda cuestión era: ¿con quién me podía casar? ¿Quién querría casarse conmigo? Hice una lista de todas las mujeres disponibles en mi círculo de amistades. Enseguida pensé en mi prima Emma. Ya no veía ninguna razón para retrasar la propuesta, de manera que fui a su casa, a la residencia Maer, y

le propuse matrimonio. Aceptó. Pero poco después
quiso que habláramos de un asunto muy incómodo.

–Me preocupa el hecho de que nuestras
opiniones son muy diferentes en un asunto que
yo considero muy importante.

Por supuesto, se refería a la religión.
Efectivamente, aquella cuestión podía dividirnos.

Nos casamos en Maer, en la iglesia de San Pedro,
el día 29 de enero de 1839. Después de haber vivido
tantos años solo, ahora tenía que compartir mi vida
con Emma y, por supuesto, con el nuevo servicio
de casa. Nuestro primer hijo, William Erasmus,
nació antes de que acabara el año. Fueron unos
días muy felices, pero yo no me encontraba bien
del todo y eso dificultaba mi trabajo. Emma me
cuidó mientras esperaba a nuestra segunda hija,
Anne Elizabeth. Me sentía mal muy a menudo, con
dolor de cabeza y temblores. Llegué a la conclusión
de que todo aquello se debía a la tensión que
me provocaba mantener en secreto mis ideas a
propósito de la evolución, que no compartía ni con
mis amigos ni con mi familia, porque sabía muy

bien que no las hubieran aprobado. La mayoría de la gente consideraba que Dios había creado el mundo tal y como lo conocemos. Me daba mucho miedo imaginar lo que dirían de mí todas aquellas personas si llegaban a descubrir mi secreto.

Londres ya no me proporcionaba las comodidades y la calma que necesitaba. Necesitaba apartarme de todo aquel ruido y de aquella suciedad. Entonces encontramos un pueblo delicioso, que era Down, y la casa de nuestros sueños. Nos trasladamos allí en septiembre de 1842. Era la residencia tranquila y perfecta, en pleno campo, que necesitábamos, sobre todo porque Emma esperaba otro hijo. Pasé meses y meses trabajando, en secreto, en mi teoría de la evolución, llenado un cuaderno y otro con mis notas, aunque sabía que sería imposible publicar el libro. Mi mujer y mis amigos me hubieran considerado un traidor, por culpa de sus creencias religiosas. Me daba mucho miedo todo aquello. Hasta que, por fin, encontré una solución. Veía muy claramente que no me esperaba una vida larga y que, por culpa de mi mala salud, moriría pronto. De manera que decidí dejarle mis escritos sobre la evolución a Emma con unas instrucciones bien claras para que fueran publicados después de mi muerte.

Mientras, me ocupaba escribiendo libros sobre temas más «seguros», como la geología, los percebes o los fósiles. Nuestra familia sufrió por aquel tiempo una gran aflicción, causada por la muerte de nuestra querida hija Annie. Se la llevó la escarlatina.

LA ESCARLATINA

La escarlatina es una enfermedad infecciosa causada por una bacteria. Afecta, sobre todo, a los niños y les causa erupciones, fiebre y dolor de garganta. Sin tratamiento, se extiende por todo el cuerpo y, a veces, puede afectar órganos vitales como el corazón, los pulmones y los riñones. En la actualidad, se puede tratar con antibióticos, pero en la época de Darwin no había un tratamiento efectivo y,

por lo tanto, la mayoría de las criaturas
afectadas por la escarlatina morían.

Hacia la mitad de la década de 1850, otros
científicos habían empezado a hablar abiertamente
de la evolución, pero la mayoría no eran capaces de
explicar por qué se producía. Finalmente, ya no pude
mantener más tiempo mi secreto. Comenté con
un amigo íntimo, Charles Lyell, mi teoría sobre la
evolución por selección natural. Me escuchó con
atención y paciencia y, luego, después de haber
reflexionado durante mucho tiempo a propósito de
mis palabras, me dijo:

—No puedo estar de acuerdo contigo porque me
lo impiden mis creencias religiosas, pero te pido
fervientemente que publiques enseguida tu teoría
porque, si no lo haces, es posible que alguien lo
haga antes que tú. Y si eso pasara, tu trabajo no
habría servido para nada.

Al principio, pensé en publicar un texto
breve, pero enseguida comprendí que tenía
que proporcionar muchos datos y, por lo tanto,

necesitaba escribir un libro largo. Me puse a trabajar. Sin embargo, de repente, todo cambió un día cuando llegó el cartero. Tengo aquella fecha grabada a fuego en mi memoria: el 15 de junio de 1858. Cuando leí aquella carta, fui enseguida a hablar con Lyell y le dije:

–Tenías razón: se me han adelantado.

Otro naturalista había formulado su propia teoría de la evolución por selección natural. Tuve la impresión de que lo había perdido todo. ¿Qué debía hacer ahora?

- Darwin regresa a Inglaterra en 1836.
- Darwin empieza a creer en la idea de la transmutación: una especie animal se puede convertir en otra a lo largo del tiempo. Cree que es posible que todas las especies, incluidos los humanos, hayan evolucionado a partir de especies más antiguas.
- Cuando lee los trabajos de Thomas Malthus, Darwin comprende que la lucha por la supervivencia impulsa la evolución. Las

características heredadas de sus padres proporcionan a algunos animales ciertas ventajas para adaptarse al entorno y los hacen más aptos para tener descendencia y pasar a sus hijos aquellas mismas características.

- Darwin empieza a resentirse de sus problemas de salud. Se casa con su prima Emma en 1839 y forman una familia. Los Darwin se trasladan a una casa de campo en Down.

CAPÍTULO 5

1858

Recibí una carta del naturalista Alfred Russel Wallace. Mientras reunía ejemplares en el archipiélago de Malasia, empezó a interesarse por la manera en la que cada especie había llegado a ser como era. Había escrito sus ideas en un artículo de veinte páginas y, como sabía que yo estaba interesado en aquella materia, me lo enviaba. Cuando lo leí, no podía creer aquellas palabras. El artículo hablaba de las variaciones en las especies, que avanzaban más y más a medida que cada generación luchaba por su supervivencia.

—No había visto nunca una coincidencia tan espectacular —comenté con Lyell—. Si Wallace hubiera tenido la oportunidad de leer mi ensayo sobre el mismo asunto, que escribí hace dieciséis años, en 1842, no habría podido escribir un resumen más correcto.

Empecé a temer que cualquier cosa que hiciera a partir de aquel momento, cualquier cosa que publicara, se podría considerar como un robo a las ideas de Wallace. Era un desastre. Lyell empezó a buscar una solución al problema y, al cabo de un tiempo, me propuso una.

—Creo —me dijo— que deberíais presentar las dos teorías, la tuya y la de Wallace, al mismo tiempo.

No lo dudé más. Estaba de acuerdo con él, pero seguía temiendo que otros muchos científicos consideraran que le había robado el trabajo a Wallace. No tenía ni idea de cómo lo podía evitar, de manera que lo dejé todo en manos de dos de mis mejores amigos, Charles Lyell y Joseph

Hooker, porque yo tenía que afrontar un problema mucho más importante.

La escarlatina había vuelto a amenazar nuestra ciudad. Tres niños habían muerto ya y aquella amenaza se convirtió en una pesadilla. Aquella fiebre se llevó también a nuestro querido Charles, que apenas tenía dieciocho meses. Cuando Hooker me propuso que discutiéramos juntos el artículo de Wallace, le dije:

–No estoy en condiciones de pensar... Y ahora no me importa nada de todo eso. Haré caso de tus consejos.

Wallace, que aún viajaba por el Lejano Oriente, fue informado de nuestro plan. Se mostró de acuerdo. Le escribí y le aseguré que yo ya no podía hacer nada más, excepto dejar que Lyell y Hooker llegaran a un acuerdo con él.

Nuestras teorías se presentaron en la Sociedad Linneana de Londres la tarde del día 1 de julio de 1858. El secretario de la sociedad leyó el artículo de Wallace y el mío a una audiencia de unos treinta miembros. Yo no asistí. Aún me encontraba muy triste y muy mal de salud. Luego supe que los artículos habían sido escuchados en un silencio respetuoso y que no despertaron demasiado interés ni grandes reacciones. Nadie creyó que se tratara de un asunto importantísimo y yo recibí aquellas noticias con serenidad.

LA SOCIEDAD LINNEANA

La Sociedad Linneana fue fundada en Londres en 1788 para el estudio de la historia natural y la evolución, y es la sociedad naturalista más antigua del mundo. Lleva el nombre del científico sueco Carl von Linné (1707-1778), conocido también por su nombre en latín Carolus Linnaeus o simplemente por Linneo. Fue el inventor del método que aún utilizan hoy en día los científicos para poner nombre a las especies.

¡Finalmente, nadie pidió que me ahorcaran del árbol más próximo por haber puesto en duda las creencias de millones de cristianos!

Cuando me encontré mejor, continué con mis trabajos para *Selección natural*. Cada vez que terminaba un capítulo, lo enviaba a Hooker para que lo comentara. Una vez, estuve a punto de perder un capítulo cuando se mezcló con los papeles que tiraban a la basura en casa de Hooker. Su hijo dibujó y rayó una buena parte de las páginas, antes de que Hooker lo descubriera. Afortunadamente, pude salvar todo el capítulo.

Poco a poco, el manuscrito iba creciendo. Creía que no terminaría nunca aquel libro. Para hacerlo más ligero, suprimí docenas de ilustraciones, centenares de referencias y largos fragmentos de texto. En resumen, lo reduje a 155 000 palabras. Me quedé muy satisfecho cuando Hooker me devolvió el manuscrito con sus notas.

—No parece que hayas señalado muchas faltas —le comenté—, y eso que casi todo está escrito de memoria y por eso me daba miedo haberme equivocado a menudo...

Lyell encontró un editor para mi libro: John Murray. Ya había publicado mi diario del viaje a bordo del Beagle, pero temía que rechazara *Selección natural* porque ya había renunciado a publicar algunos libros que, según él, podían molestar a los cristianos.

–Pero ¿él sabe algo del libro? –le pregunté a Lyell–. Deberías comentarle que no pone en duda el origen del hombre...

Lyell habló con el editor y le comentó mis intenciones. Pero Murray parecía más preocupado por encontrar un título atractivo para el libro.

–Yo había pensado titularlo –le dije– *Extracto de un ensayo sobre el origen de las especies y las variaciones por selección natural.*

Cuando oyó aquel título puso muy mala cara.

–Señor Darwin –me dijo–, me parece que el título que usted propone nos dejaría sin beneficios... Le sugiero otro, más corto: *Sobre el origen de las especies y las variaciones por selección natural.*

Pensé mucho en todo este asunto y cambié el título original por: *Sobre el origen de las especies por selección natural*. Murray aún no parecía satisfecho y no confiaba en que el libro tuviera éxito. Al principio, dijo que tenía la intención de imprimir solo 500 copias, pero finalmente las aumentó hasta 1250. Acordamos publicar el libro en noviembre de 1859. Ahora, tenía que aprovechar el tiempo para revisar el texto y hacer las correcciones de última hora, antes de llevar el libro a la imprenta.

Cuando leí las páginas para corregirlas, me quedé muy descontento por la poca calidad de mi escritura. Hice muchísimos cambios en los textos.

Con tanta tensión y tanta prisa, mi salud volvió a resentirse, pero lo único que podía hacer era continuar. Tenía muchísimas ganas de terminar el libro y liberar mi mente, por fin, de todo aquel asunto. A última hora, apenas podía pasar veinte minutos trabajando en mi estudio sin notar un terrible dolor de estómago y muchas ganas de vomitar.

Cuando terminé las correcciones, se las envié a Lyell para que me las comentara. Me preocupaba mucho su opinión, pero parecía satisfecho por mi trabajo. Terminé las correcciones del libro a finales de octubre y enseguida me fui a la casa Wells, en los Yorkshire Moors, para tomar las aguas. Cuando Joseph Hooker me preguntó cómo me encontraba, le dije:

—Me encuentro en un estado lamentable. Tengo una pierna tan hinchada que parece que tenga elefantiasis. Apenas puedo abrir los ojos y estoy cubierto de erupciones que me queman la piel. Estoy en el infierno.

Mejoré un poco en septiembre, cuando llegó un paquete para mí. Era la primera copia de mi libro. Estaba impreso en papel de color crema y encuadernado con una cubierta verde; me pareció un libro precioso. Después de tantos años de trabajo, de dolores de cabeza, ansiedad y preocupación, no me podía creer que por fin lo tuviera en mis manos. Pero el orgullo me duró muy poco. El señor Murray me pidió que escribiera algunas notas para adjuntarlas a los ejemplares de promoción que quería enviar. En aquel momento recordé que, sin duda, muchas de las personas que estaban a punto de leer el libro se sentirían ofendidas y se enfadarían. Escribí una nota para mi viejo profesor Henslow, en la que le decía: «Me preocupa que no apruebe usted el libro de su alumno». Y a Wallace le escribí: «Dios sabe qué pensará la gente».

Temía mucho la reacción de la gente cuando terminara de leer el libro. Ahora lo único que me quedaba era esperar la tormenta que, sin duda, estaba a punto de estallar.

LA CURA DE AGUAS

La cura de aguas es el uso de aguas medicinales para tratar algunas enfermedades, aliviar los dolores y, en general, mejorar la salud. Generalmente, se trata de aguas medicinales que manan de fuentes naturales. El uso del agua por razones de salud se llama también *hidroterapia*. Era una costumbre muy popular en los siglos XVIII y XIX. Las personas que tomaban las aguas recibían tratamiento con duchas de agua fría y caliente, las envolvían con toallas húmedas, bebían mucha agua mineral, hacían ejercicio y se sometían a una dieta estricta.

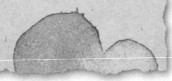

- Darwin está preocupado por si alguien cree que sus teorías pueden estar copiadas de unas ideas parecidas que, antes, ha dado a conocer el naturalista Alfred Wallace. Sus amigos se ocupan de conseguir que los trabajos de ambos naturalistas se presenten a la vez, en la Sociedad Linneana, el día 1 de julio de 1858. El público no parece muy interesado.
- Darwin lucha contra su mala salud para terminar su libro *Sobre el origen de las especies por selección natural*. Está muy preocupado por si el libro ofende a las creencias de los cristianos.

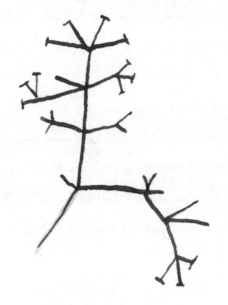

CAPÍTULO 6

1859

El origen de las especies fue publicado el 4 de noviembre de 1859, mientras yo aún estaba recuperándome en Wells. Las primeras noticias que recibí eran buenas. Las librerías habían recibido peticiones para 1500 ejemplares, 250 más de los que quería imprimir John Murray, de manera que empezamos a preparar la segunda edición. Las primeras cartas de los lectores que recibí también eran sorprendentemente agradables. Una de las cartas, de un vicario, decía: «Si tiene usted razón, tendré que olvidar muchas cosas en las que he creído». Y lo hizo. Consideraba que Dios había creado unas criaturas capaces de evolucionar y de cambiar, tal como yo lo había descrito. No podía estar más satisfecho. Aquello era mucho mejor que cualquier otra cosa que yo esperara.

Luego me llegaron las reseñas de los periódicos y las revistas, que eran mucho más duras.

Condenaban el libro. Consideraban que todas las especies había sido creadas por Dios. Para ellos, la idea de que la naturaleza podía cambiar las especies por sus propios medios era ridícula. Mis amigos jóvenes eran más amables. Eran personas con la mente más abierta, pero les preocupaba la manera en la que mi teoría podía afectar a los humanos. Les disgustaba la idea de que el hombre pudiera haber evolucionado a partir de los primates.

Adam Sedgwick, que me había dado clases de Geología, me escribió: «He leído su libro con más dolor que placer. Ciertas partes me han causado admiración, otras me han hecho reír con ganas y hay algunas que he leído con pena porque las considero absolutamente falsas». Henslow, mi mentor y mi mejor amigo, consideraba que el libro contenía una maravillosa colección de hechos, pero decía que había llevado demasiado lejos mi teoría. La mejor crítica que me podía hacer es que se trataba «de un tropezón en la dirección correcta». ¡Un tropezón!

Me habían dicho que el primer ministro había propuesto mi nombre para que me nombraran caballero. Pero cuando salió publicado *El origen de las especies*, alguien le comentó a la reina que conceder un honor tan grande a su autor se consideraría como una aprobación de la teoría de la evolución por selección natural por parte de la Corona. En su condición de cabeza de la Iglesia anglicana, la reina no podía dar su aprobación a una teoría tan atea, de manera que la petición del primer ministro fue denegada.

Yo creía que mi primer libro solo despertaría el interés de las personas con cierta formación cultural; por eso me sorprendí mucho al ver viajeros y transeúntes que lo compraban en un quiosco que hay frente a la estación de Waterloo. El señor Murray me dijo que iba a mandar imprimir 3000 ejemplares más para atender la demanda.

Mi libro también promovió una disputa sobre la necesidad de un nuevo museo de historia natural. Richard Owen, jefe de la sección de historia natural del Museo Británico, comentó en el Parlamento: «Los visitantes del Museo Británico quieren ver todos los animales posibles, para juzgar por ellos mismos las pruebas que demuestren la certeza de la teoría de la evolución por selección natural del señor Darwin. Pero a mí me da vergüenza decirles que no les puedo mostrar todos esos animales porque no tengo espacio suficiente en el museo. Probablemente, encontraríamos el espacio suficiente en otro lugar, pero si no es en el Museo Británico, ¿dónde lo podríamos encontrar?».

Owen se salió con la suya y el Parlamento decidió construir un Museo de Historia Natural.

EL MUSEO DE HISTORIA NATURAL

El Museo de Historia Natural fue inaugurado en Londres en el año 1881, un año antes de la muerte de Darwin. Fue dirigido por Richard Owen, el hombre que lo había reivindicado. Hasta el año 2009, había una estatua de Owen sentado en la entrada principal del museo, que fue reemplazada por una estatua de Darwin de tamaño natural. El museo recibe más de cuatro millones de visitas anuales.

Los ilustradores y los caricaturistas empezaron enseguida a divertirse con el libro y con su autor. Encontraba muy a menudo chistes y dibujos en

libros y periódicos, en los que aparecía yo mismo
con cuerpo de mono. Mi libro y mis teorías se
discutían agriamente en reuniones, pero yo
no podía asistir a aquellas tertulias por culpa de
mi mala salud. En uno de aquellos debates, en
Oxford, un caballero se puso de pie y declaró que
había leído *El origen de las especies* con un dolor
terrible. Luego, levantó una Biblia muy grande
por encima de su cabeza y dijo:

–¡Pido a todos los presentes que crean en Dios
y no en el hombre!

Aquel caballero era, ni más ni menos, Robert
FitzRoy, el capitán del Beagle.

Yo siempre había considerado *El origen de las
especies* como una introducción a mi teoría de
la evolución por selección natural. Había llegado
el momento de ponerme a trabajar en el «libro
gordo», el libro en el que debía contar toda la
historia. Y en aquel libro tenía que enfrentarme
al problema principal: la evolución del hombre a
partir de otras criaturas primitivas. Como siempre,
quise asumir demasiado trabajo. Mientras escribía

el libro gordo, también estaba escribiendo libros y artículos científicos sobre las orquídeas, los insectos que comen plantas, la fecundación de los vegetales, la capacidad de movimiento en las plantas y el archipiélago malayo.

Aquel libro gordo, que se titula *El origen del hombre y la selección en relación al sexo*, fue publicado, finalmente, en 1871. John Murray lo publicó en dos tomos de 450 páginas. Tuvo tanto éxito que se vendieron todos los ejemplares en solo tres semanas y Murray preparó enseguida una nueva edición. Para entonces, cuando publiqué el libro, la mayoría de los científicos ya aceptaban la evolución como un hecho, de manera que *El origen del hombre* no causó tantos disgustos como *El origen de las especies*.

–Todo el mundo habla del libro –comenté con mi amigo Joseph Hooker– sin escandalizarse...

- *El origen de las especies*, el libro de Darwin, es condenado por la prensa, la Iglesia anglicana y muchos científicos cuando lo publica en 1859. Darwin es criticado y caricaturizado por sus ideas. Sin embargo, resulta un gran éxito.

- El siguiente libro, *El origen del hombre*, también se agota cuando lo publica, en 1871. Pero por aquel entonces, las ideas de Darwin ya han sido aceptadas por la mayoría.

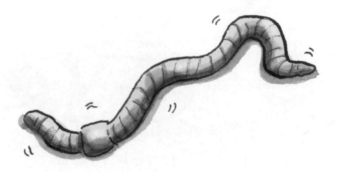

EPÍLOGO

1876

D arwin se quedó unos momentos en silencio, recordando su extraordinaria vida. Luego miró a su hijo Francis, que había estado escuchando cómo contaba su historia, y le dijo:

–Todo aquello fue una gran aventura que nos lleva a otro proyecto: ahora la quiero escribir.

El día 28 de mayo de 1876, Darwin preparó una nueva pila de papeles y, en la parte superior del primer folio, escribió: «Recuerdos del desarrollo de mi mente y carácter». Terminó aquel libro en menos de tres meses. Aunque Darwin no intentó publicarlo, el libro fue editado por Francis y publicado, con algunas de sus cartas, cinco años después de su muerte, con el título *La vida y las cartas de Charles Darwin, que incluye un capítulo autobiográfico.* ¡Sin duda, Francis heredó de su padre el gusto por los títulos largos!

El último libro de Darwin, *La formación del mantillo vegetal por la acción de las lombrices, con observaciones sobre sus hábitos*, se publicó justo seis meses antes de su muerte. El libro describe cuarenta años de observaciones e investigaciones sobre las lombrices. Se vendió más que *El origen de las especies*: seis mil copias solo el primer año.

La tarde del 18 de abril de 1882, Darwin sufrió un ataque al corazón, en la casa de Down. Tal vez porque adivinaba que se acercaba el final, comentó con su esposa:

–Diles a nuestros hijos que no olviden que siempre han sido los mejores para mí y que –añadió, al cabo de unos segundos– la muerte no me da ningún miedo.

Murió a las cuatro de la madrugada del día 19 de abril.

Él había querido que lo enterraran en el cementerio de la iglesia de Santa María, cerca de su casa en Down. Pero sus amigos científicos consideraron que era más adecuado otro lugar donde reposar. Enseguida se inició una campaña para enterrarlo en la abadía de Westminster. Ser enterrado en la abadía de Westminster se consideraba un gran honor y un reconocimiento por haber sido una persona muy importante. Cuando se lo comunicaron a sus familiares, estuvieron de acuerdo. Sin embargo, las personas de la localidad se disgustaron porque habrían querido que lo sepultaran en el pueblo donde había pasado la mayor parte de su vida.

Darwin soportó su mala salud durante más de cuarenta años. Sufrió dolores de estómago, vómitos, eccemas, inflamaciones, dolores de cabeza, fiebres, desmayos y problemas del corazón, sobre todo cuando se ponía nervioso. Se dejó crecer la barba en 1860, para disimular las afecciones que tenía en la piel y evitar los dolores que le provocaba afeitarse. Las causas de aquellas enfermedades tuvieron preocupados a los médicos durante toda su vida. Desde su muerte, los médicos han sugerido muchísimas causas posibles.

Una de ellas es la llamada *enfermedad de Chagas.* Se trata de una enfermedad tropical provocada por un parásito que suelen transmitir unas chinches llamadas *del beso.* Las chinches del beso suelen morder los labios de sus víctimas. Son endémicas en muchas partes de Sudamérica. El día 26 de marzo de 1835, Darwin describe en su diario del Beagle que le ha picado un insecto conocido localmente con el nombre de *benchuca*, un parásito sin alas, negro y del tamaño de una uña. Experimentó con uno de aquellos insectos y descubrió que, diez minutos después de atacar a un animal, se inflaba con la sangre que le había chupado y que ya no necesitaba chupar más sangre durante dos semanas. El insecto que describe se parece mucho a la chinche del beso.

Cuando Darwin murió, su teoría de la evolución por selección natural había sido aceptada en todo el mundo. Desde entonces, el descubrimiento de algunos fósiles y de nuevas especies vivas ha aportado más pruebas de que Darwin tenía razón. Más de 150 años después de la publicación de *El origen de las especies*, la evolución por selección natural es aún la mejor teoría científica que explica la existencia de todas las especies de plantas y animales que hay en nuestros días.

CRONOLOGÍA

1809
El día 12 de febrero, nace Charles Darwin en
Shrewsbury, Inglaterra.

1817
Darwin asiste a la escuela de George Case, en
Shrewsbury.

1818
Darwin es alumno interno en la escuela de
Samuel Butler, en Shrewsbury.

1825
Darwin va a la Universidad de Edimburgo para
estudiar Medicina.
El mismo año, se inaugura en Inglaterra la
primera línea ferroviaria de vapor.

1828
Darwin va a la Universidad de Cambridge.

1831
Darwin termina sus estudios superiores.
Más tarde, el mismo año, le invitan a unirse a

la tripulación del HMS Beagle como naturalista,
para formar parte de una expedición científica.
Inicia el viaje el día 27 de diciembre.

1832
El Beagle navega por la costa este de Sudamérica.

1833
Abolición del esclavismo en el Imperio británico.

1834
El Beagle navega por el extremo sur de Sudamérica
hacia el océano Pacífico.
Charles Babbage inventa la máquina analítica,
una computadora muy primitiva.

1835
Darwin sobrevive a un terremoto en Chile.
Más tarde, el mismo año, llega a las islas
Galápagos.

1836
El Beagle vuelve finalmente a Inglaterra el día 2
de octubre.

1837
John Gould identifica los pájaros que Darwin ha
traído de las Galápagos como un nuevo grupo de
varias clases de pinzones.

Darwin empieza a estudiar cómo pueden haber llegado a ser diferentes y traza en su cuaderno su primer árbol de la evolución.
Victoria se convierte en reina del Reino Unido de Gran Bretaña e Irlanda.

1838

Darwin lee un ensayo de Thomas Malthus que le ayuda a desarrollar su teoría de la evolución por selección natural.

1839

Darwin se casa con su prima Emma Wedgwood. Más tarde, el mismo año, nace su primer hijo, William Erasmus.

1841

Nace la segunda hija de Darwin, Annie Elizabeth.

1842

Darwin se va a vivir a una casa de campo en Down, condado de Kent.
Nace su tercera hija, Mary Eleanor, pero solo sobrevive tres semanas.

1843

Nace la cuarta hija de Darwin, Henrietta Emma, conocida como Etty.

1845

Nace el quinto hijo de Darwin, George Howard.

1847

Nace la sexta hija de Darwin, Elizabeth, conocida como Bessy.

1848

Muere el padre de Darwin y nace su séptimo hijo, Francis.

1850

Nace el octavo hijo de Darwin, Leonard.

1851

La hija mayor de Darwin, Annie, muere a los diez años y nace su noveno hijo, Horace.

1856

Darwin empieza a trabajar en el libro que será *El origen de las especies* y nace su décimo hijo, Charles Waring.

1858

Darwin recibe una carta de Alfred Russel Wallace con un ensayo sobre la evolución de las especies que se parece mucho a su propia teoría. El hijo menor de Darwin, Charles Waring, muere de escarlatina.

Las teorías de Darwin y Wallace sobre la evolución se presentan al mismo tiempo, en una reunión de la Sociedad Linneana.

1859
Se publica el libro de Darwin *Sobre el origen de las especies por selección natural* mientras él se recupera de una de sus numerosas enfermedades.

1861
Estalla la guerra civil americana.

1862
Darwin se deja la barba para disimular sus problemas en la piel y evitar el dolor que le provoca afeitarse.

1865
La guerra civil americana termina con la victoria de la Unión y la abolición de la esclavitud en Estados Unidos.
El presidente Abraham Lincoln es asesinado.

1866
Alfred Nobel inventa la dinamita.

1869
Se terminan de colocar las vías del primer tren transcontinental en Estados Unidos.

1871

Se publica el segundo libro de Darwin: *El origen del hombre y la selección en relación al sexo.*

1876

Darwin empieza a escribir la historia de su vida, para su familia.
Alexander Graham Bell patenta su invento: el teléfono.

1879

Thomas Edison patenta una práctica bombilla eléctrica.

1882

Darwin muere el 19 de abril, a la edad de 73 años, y es sepultado en la abadía de Westminster.

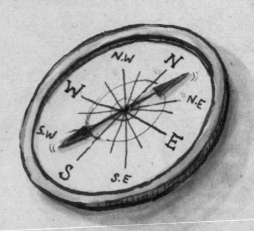

GLOSSARI

archipiélago malayo Agrupación de cientos de islas entre el sureste de Asia y Australia, entre ellas Brunéi, Singapur, Malasia, Indonesia, Java, Sumatra, Filipinas y Timor.

armadillo Mamífero nocturno (activo de noche) insectívoro, con unas garras fuertes para cavar y cubierto por una armadura de placas óseas.

artículo científico Escrito publicado en una revista científica en el que se describe una investigación.

atolón Arrecife de coral en forma de anillo.

bacterias Organismos unicelulares que viven por todas partes y que solo se pueden observar al microscopio. Pueden ser esféricas, en forma de bastón o de espiral. La mayoría de las bacterias son inofensivas para los seres humanos, pero algunas pueden causar enfermedades importantes, como el cólera, las fiebres tifoideas o la peste.

balneario Lugar donde manan aguas de una fuente natural con diversos minerales disueltos, y adonde van las personas para mejorar su salud.

botánica Estudio científico de las plantas.

caballero Título honorífico que concede la reina o el rey a los ciudadanos del Reino Unido que han protagonizado algún hecho importante.

Ceilán Isla que ahora se llama Sri Lanka, situada al sur de la India.

código genético Instrucciones en el interior de las células vivas que controlan cómo han de crecer y funcionar.

cónsul Funcionario elegido por un gobierno para ocuparse en otro país de los ciudadanos, los intereses y los negocios del país que lo elige.

coral Material duro como una roca, formado por los esqueletos de innumerables criaturas marinas que viven juntas y forman un atolón o una isla.

eccema Enfermedad de la piel que causa picores, enrojecimiento, rugosidad y supuraciones.

ecuador Línea imaginaria que rodea la parte central de la Tierra, a la misma distancia del polo norte que del polo sur.

elefantiasis Enfermedad tropical causada por un parásito parecido a un gusano que provoca graves inflamaciones en los brazos, las piernas y otras partes del cuerpo.

enfermedad de Chagas Enfermedad que contagian los parásitos de la llamada *chinche del beso* en América del Sur y América Central.

enfermedad de Crohn Dolencia que causa una inflamación dolorosa en el revestimiento del intestino.

ensayo Pieza literaria breve que expone el punto de vista del autor sobre un tema concreto.

especie Grupo de plantas o animales con unas cualidades tan semejantes que les permiten reproducirse.

espécimen Animal, planta o roca que puede servir de ejemplo de su especie.

estrecho de Magallanes Canal natural entre la Tierra de Fuego y el continente en Sudamérica, a través del cual los barcos pueden pasar del océano Atlántico al Pacífico.

evolución Proceso natural responsable de la producción de plantas y animales a partir de otros anteriores y más simples.

extinción Desaparición completa de una especie animal o vegetal.

falsa quilla Tira o banda de madera que refuerza la parte inferior del casco de un barco para proteger la quilla verdadera.

fértil Se dice de la tierra o el agua rica en nutrientes y, por lo tanto, capaz de facilitar el crecimiento de las plantas y la vida de los animales que se alimentan de los productos que les ofrece.

fuego de san Telmo Resplandor que se forma alrededor de los objetos en punta y que se debe a un campo eléctrico producido, por ejemplo, por una tormenta.

gaucho Habitante de las llanuras de ciertos países de Sudamérica, como Argentina, que se dedicaba a la cría de caballos.

geología Estudio científico de la historia del planeta Tierra, sobre todo a partir de las rocas.

goleta Barco con dos o más mástiles, con el primero (el mástil delantero) más corto que los demás.

hamaca Cama hecha de tela o de red, con una cuerda en cada extremo que sirve para colgarla. Fue muy común en los barcos desde el siglo XVI a mediados del siglo XX.

iguana Reptil grande, herbívoro, con una cresta característica en el lomo. Es común en Sudamérica y en América Central.

lagartija Reptil con el cuerpo alargado, cuatro patas y una piel rugosa con escamas.

laguna Extensión de agua separada del mar por una franja de tierra, arena o coral.

lava Roca fundida que sale de un volcán en erupción.

Magallanes Fernando Magallanes (1480-1521) fue un explorador portugués que protagonizó la primera circunnavegación (una vuelta entera) alrededor del mundo.

mamífero Perteneciente al gran grupo de animales de sangre caliente que incluye al ser humano. Las dimensiones de los mamíferos van desde los murciélagos más pequeños, del tamaño de una abeja, a los animales más grandes del mundo, las ballenas azules. La mayoría de los mamíferos son vivíparos.

medio Entorno natural, que incluye el suelo, la atmósfera, el clima, las plantas y los animales. El medio natural puede hacer referencia al mundo entero o a un área concreta.

mejillón Molusco bivalvo comestible, protegido por una cáscara dividida en dos partes, con un mecanismo biológico que le permite abrirla y cerrarla para comer.

mentor Alguien que utiliza sus conocimientos y su experiencia para orientar a otra persona.

naturalista Persona que estudia el mundo natural.

orangután Simio grande con los brazos largos y el pelo rojo, natural de Borneo y Sumatra.

paloma Ave de la familia de las columbiformes que come semillas y tiene el plumaje de colores muy variados.

palpitación Latido del corazón anormalmente rápido, fuerte o irregular, causado por la tensión, el ejercicio o una enfermedad.

Patagonia Región situada en el extremo sur de Sudamérica, compartida por Argentina y Chile.

penol Cada una de las puntas o extremos de una verga.

pinzón Pájaro pequeño con el pico corto y duro para poder partir las semillas de las que se alimenta.

piquituerto Pájaro con el pico grueso y duro.

Polinesia Archipiélago formado por más de mil islas situadas en el centro del océano Pacífico, entre ellas Hawái, Samoa, Tonga, la isla de Pascua y las islas Cook.

provisiones Suministros de comida, bebida y equipamiento necesarios para un viaje.

quilla Parte de una embarcación que se extiende por debajo del casco de proa a popa.

reptiles Grupo de animales ovíparos de sangre fría que se desplazan sobre el vientre o gracias a sus patas, al que pertenecen las serpientes, las lagartijas, los cocodrilos y las tortugas de tierra y de mar.

selección natural Proceso mediante el cual algunas plantas o animales tienen más opciones que otros para sobrevivir y tener descendientes porque se adaptan mejor a las condiciones del medio en el que viven. Es el proceso que genera la evolución, porque va cambiando poco a poco las características de una especie para convertirla en otra.

simio Animal que pertenece a un grupo que engloba a los orangutanes, los gorilas y los chimpancés. En ocasiones se ha incluido al ser humano en este grupo.

sinsonte Ave de color gris, con la cola larga, que imita el canto de otros pájaros.

Sociedad Linneana Asociación que fomenta el estudio de la historia natural y la evolución.

soltero Hombre que no está ni ha estado casado.

teoría Idea o sugerencia para explicar alguna cosa.

Tierra de Fuego Isla situada en el extremo sur de Sudamérica.

tomar las aguas Utilizar el agua, sobre todo la mineral, para mejorar la salud, ya sea bebiéndola o tomando baños. También se conoce con el nombre de «hidroterapia».

transmutación Cambio de algo, por ejemplo una especie, a otra diferente.

verga Palo unido horizontalmente al mástil de una nave, de manera que los marineros lo puedan utilizar para subir.

vertebrado Cualquier animal con columna vertebral.

vientos alisios Vientos que soplan casi constantemente en la misma dirección. En inglés se denominan *tradewinds* ('vientos de comercio'), porque durante siglos se aprovecharon para la navegación en el océano Atlántico y en el Pacífico.

zoología Estudio científico de los animales y de su conducta; es decir, su anatomía (estructura corporal), hábitats (lugares donde viven) y evolución.

ÍNDICE ANALÍTICO

ÍNDICE